THE TALE OF THE WEDDING RINGS

MAYBE

3

THE TALE OF THE WEDDING RINGS

3

Inhalt

präsentiert von

MAYBE

Kapitel 11
KLACK
HALLO, SCHATZ! ♥
WILL-KOMMEN DAHEIM! ♥
MÖCH-TEST DU ESSEN, ...
WAPP
WACKEL WACKEL
... EIN BAD, ...
... ODER MÖCHTEST DU LIEBER ... MICH?
ICH MACH NUR SPASS!
GLITTER GLITTER
ICH MÖCHTE DICH JETZT GLEICH VERNASCHEN, HIME!

ALSO ECHT, ...
... SATO, ...
... DU BIST IMMER SO WAS VON SPITZ ...
TOMP
NA UND? WIR SIND SCHLIESSLICH VERHEIRATET.
STIMMT! ♥
DU BIST SO SCHÖN, ...

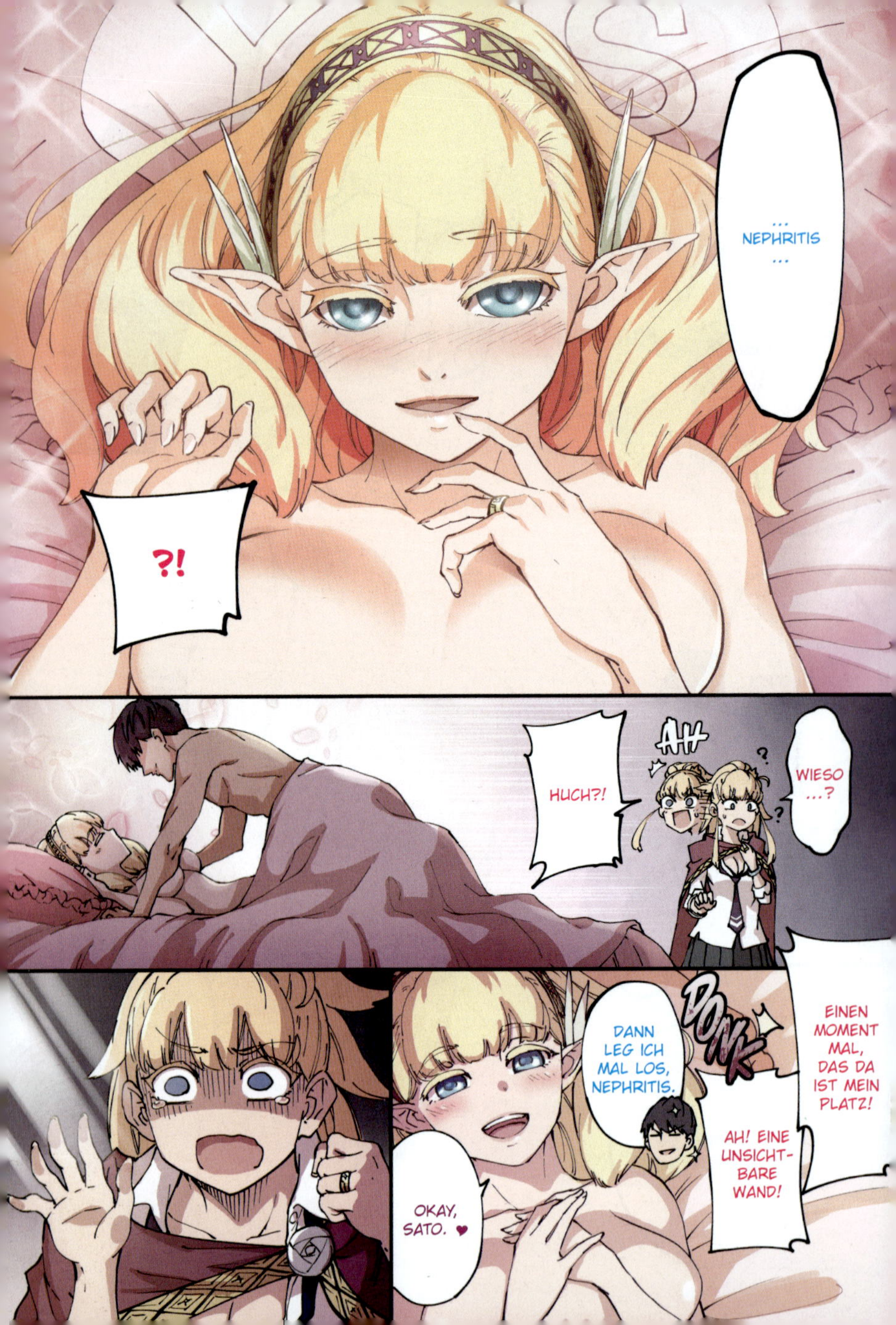
... NEPHRITIS ...
?!
WIESO ...?
AH
HUCH?!
EINEN MOMENT MAL, DAS DA IST MEIN PLATZ!
DONK
DANN LEG ICH MAL LOS, NEPHRITIS.
AH! EINE UNSICHT-BARE WAND!
OKAY, SATO. ♥

WAFF
NEEEIIIN!
AH
ICH HAB NUR GETRÄUMT?
STILLE
TORKEL
GÄHN
ICH BIN VÖLLIG FERTIG, WEIL ICH HEUTE SO VIEL GELAUFEN BIN.

SCHÖN, DASS DU AUFGEWACHT BIST, HIME. DAS ESSEN IST FERTIG.
KNISTER
KNISTER
HIER, NEPHRITIS.
PASS AUF, ES IST HEISS.
J... JA!
A... ALLES IN ORDNUNG, NEPHRITIS?
STARR
TOMP
DA FÄLLT MIR EIN! ...

... DASS SICH SATO HEUTE ...
... DEN GANZEN TAG NUR UM NEPHRITIS GEKÜMMERT HAT.
...
UND WAS IST MIT MEINEM ESSEN, SATO?
BEDIEN DICH BITTE SELBST, HIME.
WAS?!
HEY, DU HAST ES ÜBERALL UM DEINEN MUND.
WISCH
WISCH
?
PLING

GA SCHA
SO BENIMMST DU DICH DOCH SONST AUCH NICHT, ODER?!
H... HIME?!
ERRÖT
ANG
ES IST NICHTS!
ZAMP
HO HO HO!
WER HÄTTE GEDACHT, DASS CRYSTAL SO EIFERSÜCHTIG IST?

!
ICH BIN GLEICH WIEDER DA.
SATO!
ZAMP
LASS LIEBER ...
... MICH GEHEN.

HAH ...
WIESO BIN ICH NUR ...
... SO GEREIZT?
BESTIMMT ...
... WEGEN DES TRAUMS, DEN ICH HATTE.
UH
DABEI WÄRE ES SCHÖN, ...
... WENN SATO IN WIRKLICHKEIT AUCH SO ENERGISCH WÄRE.
HAH

NEPHRITIS HAT ZWAR GESAGT, DASS SIE MIR NICHT ZUVOR-KOMMEN WILL …
ACH, ABER SORGEN MACHE ICH MIR TROTZ-DEM.
RASCHEL
SST
HAB ICH IRGENDWAS FALSCH GEMACHT?
ZUCK
GYAAAAAAH!
SPLASCH
AH! CRYSTAL!
KYAH!

SPLASCH
NEPHRITIS?!
JETZT SIND WIR ...
... WIEDER AUF AUGENHÖHE.

FLÜSTER
ZUM GLÜCK IST NIEMAND HIER.
OB DIE ANDEREN WOHL SCHON ALLE SCHLA-FEN?
TUT MIR LEID, CRYSTAL.
EIGENTLICH WOLLTE ICH MICH NUR BEI DIR DAFÜR ENT-SCHULDIGEN, …
… DASS SICH SATO HEUTE …
GNN
… DEN GANZEN TAG LANG UM MICH KÜMMERN MUSSTE.
WAS?! DAS BRAUCHST DU NICHT! DAS HAT MICH ÜBERHAUPT NICHT GESTÖRT!
WA WAPP
DENN ANDERS ALS ICH BIST DU ALS RICHTIGE PRINZESSIN AUFGE-WACHSEN.
UND SATO IST EBEN EIN ZUVOR-KOMMENDER TYP.

DU BIST ...
... EIFERSÜCHTIG, ODER?
!
ICH WÜRDE LÜGEN, ...
... WENN ICH SAGEN WÜRDE, DASS ES NICHT SO IST.
ACH ...
UH
NEID UND EIFERSUCHT ...
... ENTSTEHEN, WENN EINEM TIEFE LIEBE DAS HERZ ZUSCHNÜRT.
DAS GERADE IST DER BEWEIS DAFÜR, WIE SEHR DU SATO WIRKLICH LIEBST.
VERGLICHEN DAMIT ...
... BIN ICH WIRKLICH GANZ ANDERS ALS DU, CRYSTAL.
!!
ICH VEREHRE IHN EINFACH NUR.
SO STARKE GEFÜHLE WIE DU KANN ICH NOCH GAR NICHT FÜR IHN HABEN.

DESHALB FRAGE ICH MICH, …
… OB ICH DIE ROLLE EINER EHEFRAU DES RINGKÖNIGS ÜBERHAUPT ERFÜLLEN KANN.
…
HEY, HIME, HIER BIST DU ALSO.
ICH HATTE MICH GEWUNDERT, …
… WIESO DU NICHT ZURÜCKKOMMST, ABER WIR SIND OFFENSICHTLICH NUR ANEINANDER VORBEIGELAUFEN.
ABER WIESO SEID IHR NACKT?!

HEY, HEY, …
… HATTET IHR BEIDE VIELLEICHT VOR, EINE HEISSE NACHT MIT MIR ZU VERBRINGEN?
GOOOO
WILLST DU, DASS ICH'S DIR HEISS BESORGE?
HÄ?
KOMM NUR NICHT AUF DUMME GEDANKEN, DU PERVERSLING!
WUPP
WUPP
UWAH! ICH HAB'S JA SCHON KAPIERT!
A… ALSO LASS DAS MIT DEM FEUER!
ICH ENTSCHULDIGE MICH FÜR GESTERN, HIME.

WO-FÜR?
DAFÜR, DASS DU UNS NACKT GESEHEN HAST?
DAFÜR MUSST DU DICH NICHT ...
DAS MEINE ICH NICHT.
SONDERN DAFÜR, DASS ICH MICH GESTERN NUR UM NEPHRITIS GEKÜMMERT HABE.
HEPP!
WUPP

TOMP
WAPP
SATO!
DESWEGEN BIN ICH DIR NICHT BÖSE.
WIRKLICH?
ICH BIN DIR NICHT BÖSE!

AH ...
GNN
IST DAS VIELLEICHT ...?
IN WELCHES RINGLAND REISEN WIR ALS NÄCHSTES?
ICH DENKE, ALS NÄCHSTES SOLLTEN WIR UNS INS LAND DES WASSERS BEGEBEN.
ES IST DAS LAND DER DRACHEN-MENSCHEN ...
... UND ZIEMLICH WEIT ENTFERNT. ABER UNSERE BEZIEHUNGEN MIT DEM LAND DES WASSERS SIND SEHR VIEL ENGER ALS MIT LOMKA.

WIR HABEN DEN WALDRAND ERREICHT.
GO GO GO GO
WAS IST DAS FÜR EIN GE-RÄUSCH?
GO GO GO GO GO GO
GO GO GO GO

HIME, WENN SIE TRÄUMT.

THE TALE OF THE WEDDING RINGS

GO GO GO GO GO
GO GO GO GO GO GO
GO GO GO GO GO
GO GO GO GO GO
WAS IST ...
... DAS DENN?!

Kapitel 12

OH, DAS NENNE ICH GLÜCK!
ICH HATTE NICHT ERWARTET, IHNEN HIER ZU BEGEGNEN!
GOGOGOGOGOGO
DAS IST NIEDAKITTA, DER HORT DES FEUERS …
… UND SEINER FAHRENDEN RITTER, DER KATZEN-MENSCHEN.
DAS DA …
… IST EINE STADT?!
JA.
ES HEISST, DIE KATZEN-MENSCHEN HABEN ZUR ZEIT DES ERSTEN RINGKÖNIGS IHR LAND VERLOREN UND DARAUFHIN …
… EINE STADT AUF FAHRENDEN MASCHINEN GEBAUT, UM DURCH DIE WELT ZU ZIEHEN UND IHRE KRIEGSKÜNSTE ANZUBIETEN.
VIEL-LEICHT IST ES BESSER, …
… SIE EINE MOBILE SÖLDNER-TRUPPE ZU NENNEN.

ICH HATTE MICH SCHON GEFRAGT, WO WIR IHNEN BEGEGNEN WÜRDEN.
DIESE CHANCE DÜRFEN WIR UNS NICHT ENT-GEHEN LASSEN.
WIR MÜSSEN DEN RING DES FEUERS VON DER PRINZESSIN DES LANDES BEKOMMEN!
ICH HABE ZWAR GESAGT, ALS NÄCHSTES REISEN WIR INS LAND DES WASSERS, ABER DAS VERSCHIEBEN WIR!
ACH ...
... SO?
?
WOLLTE ER SO DRINGEND INS LAND DES WASSERS REISEN?
GIBT ES DORT JEMAN-DEN, DER IHM NAHE-STEHT?
ABER GROSS-VATER ...
WIE KOMMEN WIR DA RAUF?
HEY!
NEHMT UNS BITTE MIT!
FLAPP
EINE STRICK-LEITER?!

KLETTERT SCHNELL RAUF!
HIER UNTEN IST ES VIEL ZU STAUBIG!
NEPHRITIS?
ZITTER
LEUTE, UNSERE WEGE TRENNEN SICH HIER.
DIE REISE HAT MIR SPASS GEMACHT.
DU GIBST EINFACH SO AUF?!

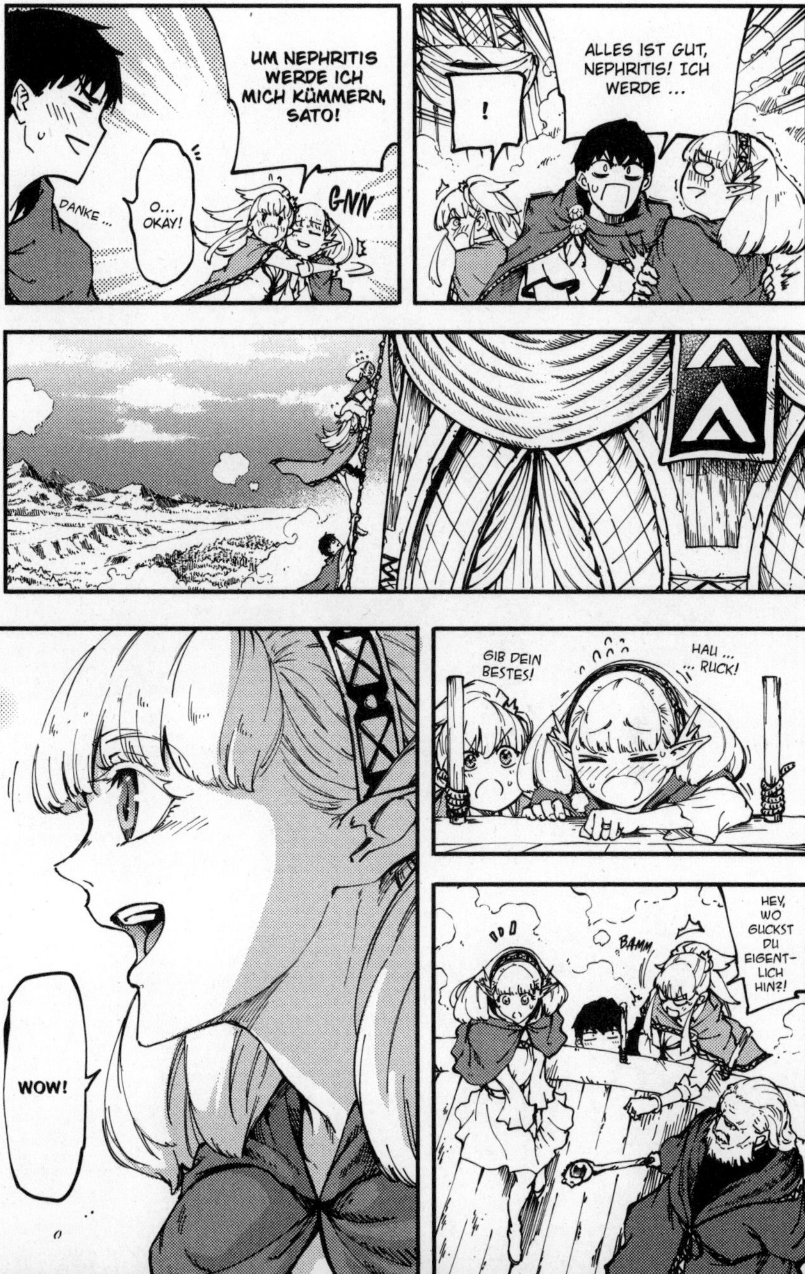
ALLES IST GUT, NEPHRITIS! ICH WERDE ...
!
UM NEPHRITIS WERDE ICH MICH KÜMMERN, SATO!
GNN
O... OKAY!
DANKE ...
HAU ... ... RUCK!
GIB DEIN BESTES!
HEY, WO GUCKST DU EIGENT-LICH HIN?!
BAMM
WOW!

DAS IST EIN RITTER-KORPS? EIN SÖLDNER-TRUPP?
FÜR MICH SIEHT DAS EHER AUS WIE EIN BASAR.
NIEDAKITTA BEHEIMATET DEN RITTER-ORDEN DES FEUERS, DER VON DEN STARKEN KATZEN-MENSCHEN GEGRÜNDET WURDE.
REISENDE HÄNDLER HABEN SICH NACH UND NACH ANGE-SCHLOSSEN, UM DEN SCHUTZ DER RITTER IN ANSPRUCH ZU NEHMEN.
UND SO WURDE DARAUS IM LAUFE DER ZEIT EINE RIESIGE KARA-WANE.
GENAU SO, WIE ES IN DEN BÜCHERN STEHT!
JA. DU WEISST WIRKLICH GUT BESCHEID.
AUS DEM STÄRKSTEN RITTERORDEN DER WELT IST INZWISCHEN DER SICHERSTE FAHRENDE MARKT DER WELT GEWORDEN.
DOZIER DOZIER
WÄHREND DIE HÄNDLER DIE WAGEN ALS TRANS-PORTMITTEL NUTZEN, BE-TREIBEN SIE HIER AUCH HANDEL.
SO GELANGEN DIE UNTERSCHIED-LICHSTEN WAREN IN ALLE STÄDTE, DIE NIEDAKITTA, DAS LAND DES FEUERS, ANLÄUFT.
ACH ...
NUN DENN! DANN SOLLTEN WIR DIE PRINZESSIN DES RINGS DES FEUERS BESSER GLEICH MAL UM EINE AUDIENZ BITTEN.
NANU?
WO IST DENN NEPHRITIS?
CRYSTAL IST AUCH WEG ...
GO GO GO GO GO

TOLL, DAS IST TOLL! SIEH DOCH NUR!
BÜCHER, SO VIELE BÜCHER!
AH!
DA GIBT ES IMAUNIYAI, DAS IM „MERKBUCH DER DÄMMERUNG" VERZEICHNET IST!
SIEH DIR DAS AN, ...
... SATO!
SATO ...?
WIR HABEN DIE ANDEREN VERLOREN.
DAS KOMMT DAVON, DASS DU SO DRAUF-LOSGE-RANNT BIST.
OB DAS WOHL GUT GEHT?

HÄ?
MURMEL
MURMEL
U... U... U... UND JETZT?! HIER SIND SO VIELE LEUTE, DIE ICH NICHT KENNE!
AH!
OAAAAH
OUÄÄÄÄH. MIR IST SCHLECHT ...
ALLES IN ORDNUNG!
ICH BIN DOCH DIE GANZE ZEIT BEI DIR. VERSTANDEN?
VER-STAN-DEN?!
ZUUM

ENTSCHULDIGUNG. ICH MACHE MAL WIEDER NICHTS ALS SCHEREREIEN.
SCHON GUT. ZERBRICH DIR DESWEGEN NICHT DEN KOPF!
GUCK
ICH SEHE SIE IMMER WIEDER, SEITDEM WIR HIER SIND. SIND DAS DIE KATZENMENSCHEN?
JA. SIE SEHEN GENAUSO AUS WIE AUF DEN BILDERN IN MEINEN BÜCHERN.

NIEDLICH, NICHT? IHRE OHREN SEHEN AUS WIE RICHTIGE KATZENOHREN.
NEIN, SIE SEHEN NICHT SO AUS, ES SIND KATZENOHREN.
ZUCK
UNSINN!
IN IHNEN FLIESST DAS BLUT DER KRIEGER DES ALTERTUMS.
SIE SIND DAS WILDE VOLK, VON DEM ES HEISST, ES HABE DEM RINGKÖNIG BRUTAL UND TOLLKÜHN GEDIENT.
SO STEHT ES IN MEINEN BÜCHERN.
AUSSERDEM SIND ELFENOHREN VIEL SCHÖNER!
WEIL SIE LÄNGER SIND!
S... STIMMT ...
IST FÜR SIE LÄNGER ETWA AUTOMATISCH BESSER?

HEY, IHR DA!
!
HABEN SIE DAS ETWA GEHÖRT?!
HABT IHR EUCH ...
... VIELLEICHT VERLAUFEN?
JA. ÄH ... WIR SIND VON UNSEREN FREUNDEN GETRENNT WORDEN.
WIE HABT IHR DAS ERKANNT?
WEIL IHR EUCH SO ÄNGSTLICH UMSEHT.
IHR SEID WOHL ZUM ERSTEN MAL IN UNSERER STADT, WAS?
WER SICH IN NIEDAKITTA VERLAUFEN HAT, SOLLTE ZUR ARENA GEHEN.
DIE IST NICHT ZU ÜBERSEHEN.

HOFFENT-LICH FINDET IHR DORT EURE FREUNDE WIEDER.
VIELEN DANK!
VIE...
WAPP
WAPP
SIE SCHEINEN GANZ ANDERS ZU SEIN, ALS ICH IN MEINEN BÜCHERN GELESEN HABE.
SIEHT GANZ SO AUS.

DAS MUSS WOHL DIE ARENA SEIN.
LASS UNS HIER WARTEN.
HIER.
WAS IST DAS?
KEINE AHNUNG.
DAVON STAND NICHTS IN MEINEN BÜCHERN.
VIELLEICHT IST ES EINE LOKALE SPEZIALITÄT.
HAPPS
HAPPS

WISCH WISCH
DU HAST DA WAS AM MUND, NEPHRITIS.
ALSO WIRKLICH ...
DU BIST GENAUSO ...
... WIE SATO, CRYSTAL.
HÄ?!
WIE-SO?!
IHR SEID BEIDE SO FREUNDLICH.
WENN ICH MIT EUCH ZUSAMMEN BIN, FÜHLT ES SICH AN, ALS WÜRDE ICH VON MEINEM VATER UND MEINER MUTTER BESCHÜTZT WERDEN.
SCHWINDEL
HÄ?
VATER
MUTTER
KIND?!
NEIN, NEIN, NEIN! DU BIST ÄLTER ALS ICH, NEPHRITIS!
DU KANNST UNMÖGLICH DIE TOCHTER SPIELEN!
?

DOMP
ARGH!
NICHT ZU FAS-SEN ...
DER HAT SICH WOHL AUCH DIE ZÄHNE AUS-GEBISSEN ...
ZUCK
ZUCK
DER IST JA TOTAL VERBEULT!
FÜR UNSERE PRINZESSIN IST SO JEMAND ABSOLUT ...
?!

AAH ...
WO SIND HIME UND NEPHRITIS NUR HIN?
BERUHIG DICH BITTE, SATO.
IN NIEDAKITTA IST ES SICHER.
JETZT MÜSSEN WIR ABER ZUR PRINZESSIN DES FEUERS.
WIR WERDEN DIE BEIDEN SCHON WIEDERFINDEN.
AH ... ICH MACH MIR SOLCHE SORGEN ...
WIR WERDEN STÄNDIG ANGESTARRT. IST ES HIER WIRKLICH SICHER?
ACH, DAS IST NUR, ...
... WEIL KATZENMENSCHEN NICHTS HÖHER ACHTEN ALS STÄRKE.
NICHT, DASS DIE STREIT SUCHEN ...

HU HU …
ACH SO, ALLES KLAR!
MEINE STÄRKE WAR WOHL NICHT ZU VERBERGEN!
TUT MIR LEID, ABER MEIN HERZ IST SCHON VERGEBEN …
SAG MAL, …
… DEINE HALTUNG UND DEIN KÖRPERBAU …
DU BIST BESTIMMT EIN BERÜHMTER SCHWERTKÄMPFER, ODER?!
KYAH♥
KYAH♥
HÄTTEST DU NICHT LUST EINEN TEE MIT UNS ZU …
HA HA HA …
IHR SOLLTET NICHT NACH DEM AUSSEHEN URTEILEN.
ER DA IST BEI WEITEM STÄRKER ALS ICH.
ALSO WIRKLICH!
DU BIST EIN SPASSVOGEL! ♥
DER JUNGE HAT DOCH ÜBERHAUPT KEINE MUSKELN. HA HA HA! ♥
SCHOCK
SO SEHR UNTERSCHEIDEN WIR UNS IN DER STATUR DOCH GAR NICHT …
UND ALS MANN NUR DESHALB ATTRAKTIV GEFUNDEN ZU WERDEN …
HA HA HA HA
DIE MEISTEN MÄNNER DER KATZENMENSCHEN ARBEITEN ALS SÖLDNER IN ALLER WELT.
DESHALB WERFEN SICH DIE MÄDELS SO RAN.
DASS SIE AVANCEN MACHEN UND SO DIREKT SIND, IST BESTANDTEIL IHRER KULTUR.
HO HO HO!

ÜBRIGENS …
… WÜRDEN WIR GERNE DIE PRINZESSIN DIESES LANDES TREFFEN.
WISST IHR, WO WIR SIE FINDEN KÖNNEN?
!
MIAU
AAH, WIEDER WELCHE, DIE HINTER DER PRINZESSIN HER SIND …
ALSO GUT!
IHR WOLLT ALSO EIN RENDEZVOUS MIT DER PRINZESSIN, RICHTIG?!
EIN RENDEZ-VOUS?!

TOPP
TOPP
HMM ...
EIN RENDEZ-VOUS?
WAS HABT IHR, ALABASTER?
NICHTS ... ICH MACHE ...
... MIR NUR SORGEN WEGEN DER PRINZES-SIN VON NIEDA-KITTA.
AH ...
SATO!
HIME!
MIR FÄLLT EIN STEIN VOM HERZEN ... UND NEPHRITIS IST AUCH DA.
IRGENDWAS STIMMT HIER NICHT. GERADE IST HIER EIN MANN, DER ÜBEL ZUGERICHTET WURDE ...
ÜBEL ZU-GERICHTET? WIESO?

WOHLAN, HIER ...
... WERDEN DIE RENDEZVOUS DER PRINZESSIN AUSGETRAGEN.

UOOO-
OOOO-
OOH!

GA
ZZING

ZUDOMM

DAS IST …
… DIE PRINZESSIN AUS DEM LAND DES FEUERS?!
NUN DENN, …
… WER WILL DAS NÄCHSTE RENDEZVOUS MIT MIR?

BIST DU ...
... DER RING-KÖNIG?
!
WER MEIN MANN WERDEN WILL, ...
... MUSS STÄRKER SEIN ALS ICH.
UGGH ...

BIST DU SO STARK?
!
LASS ES UNS HERAUS-FINDEN!
BA
MM
SATO!

DOUM
SATO!
DU KOMMST NICHT INFRAGE.
ICH HATTE EIN WENIG MEHR ERWARTET VON DEM MENSCHEN, DER ZUM RINGKÖNIG BESTIMMT WURDE.
SELBST WENN ER DIE RINGE DER MACHT BESITZT, WIE SOLL SO EIN SCHWÄCH-LING ES MIT DEN DÄMONEN DES ABYS-SUS AUF-NEHMEN?

WENN DU MIR NOCH MAL DEN HOF MACHEN WILLST, ...
... MUSST DU AN EINEM ANDEREN TAG WIEDER-KOMMEN.
DENN ES GIBT VIELE, ...
... DIE EIN RENDEZVOUS MIT MIR HABEN WOLLEN.

THE TALE OF THE WEDDING RINGS

Kapitel 13

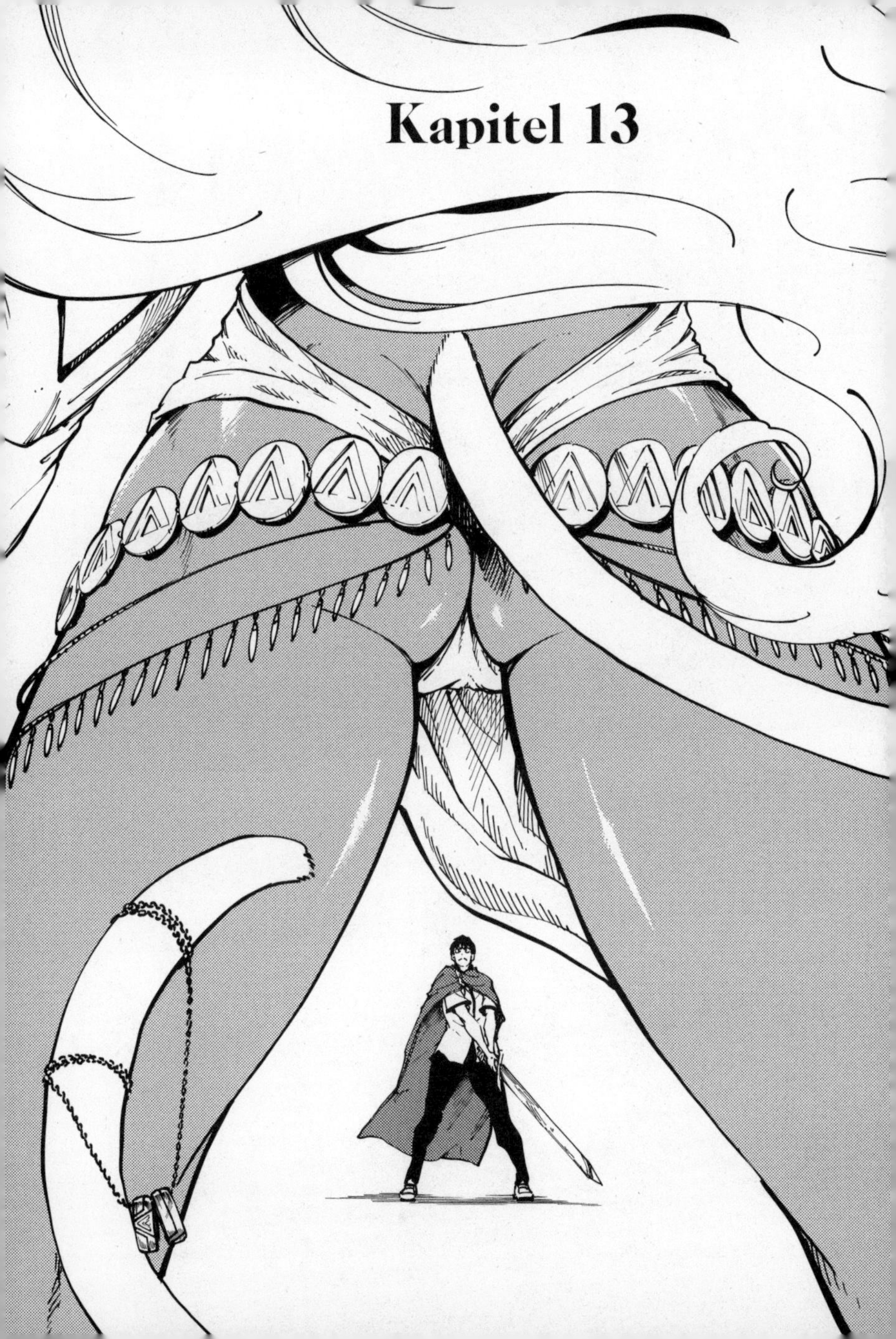

OOOOH
DA DA DA DA DAPP
KA ANG
WENN DU NUR AUF SEINE SCHWERT-SPITZE ACHTEST ...
GGNN
DU MUSST DEINEM GEGNER FEST IN DIE AUGEN SEHEN!
KNIRSCH

GA
NG
SIEHST DU?!
DOMP
AUTSCH ...
ICH HAB NICHT MAL EINEN KRATZER. DU HAST ECHT NICHT VIEL AUF DEM KASTEN.
GUT, ...
... LASS UNS EINE KURZE PAUSE MACHEN.

RING-KÖNIG UND GEFOLGE!
ESSENS-ZEIT!
KANK KANK
HACH ...
DAS NÄCHSTE RENDEZ-VOUS ...
... IST IN FÜNF TAGEN ...
PLA
TSCH
DIE PRINZESSIN DES FEUERS KANN NUR EINEN STARKEN MANN HEIRATEN.
WER AUF SEINE FÄHIG-KEITEN VERTRAUT, HAT EIN RENDEZ-VOUS MIT DER PRIN-ZESSIN ...
... UND MACHT SIE ZU SEINER FRAU. SO IST ES BRAUCH IN NIEDAKITTA.

BEDAUERLICHERWEISE ABER ...
... WAR VON DEN MÄNNERN IN DIESEM LAND BISHER NICHT EIN EINZIGER UNSERER PRINZESSIN GEWACHSEN.
BEI UNS KATZENMENSCHEN HABEN NORMALERWEISE DIE MÄNNER DEN STÄRKEREN KÖRPER.
ES IST WIRKLICH AUSSERGEWÖHNLICH, DASS ES KEINER MIT IHR AUFNEHMEN KANN.
WEIL ES ABER NUN MAL SO IST, LÄSST SIE ...
... VERTRETER ALLER RASSEN AUS DER GANZEN WELT ZUM RENDEZVOUS ZU.
DAS IST GRANAT NIEDAKITTA, ...
... UNSERE PRINZESSIN UND DER STÄRKSTE KATZENMENSCH AUF ERDEN.

ICH TU DAS ZWAR FÜR DEN RING DES FEUERS, ...
... ABER KANN ICH SIE DENN ÜBERHAUPT BESIEGEN?
MAMPF
MAMPF
NA JA, ...
... MIT DEINER SCHWERTKUNST DÜRFTE DAS ABSOLUT AUS-GESCHLOSSEN SEIN, SATO.
HA HA
UND WELCHEN SINN HAT MEIN TRAINING DANN?!
WUSSTE ICH'S DOCH!
HAST DU VERGESSEN, WAS DU AN DEINER LINKEN HAND TRÄGST?
IST DAS DENN ERLAUBT ?!
IN DER ARENA MAGIE EIN-ZUSETZEN, IST DOCH UNFAIR.
PLATSCH

MAGIE IST SO ETWAS WIE DIE MUSKELN EINES MAGIERS.
UH
SIE IST EIN TEIL SEINER KRAFT, MEISTER.
ZU DEN RENDEZVOUS KOMMEN AUCH ZAHLREICHE MAGIER.
ABER AM ENDE HAT SIE DOCH NUR ALLE VERPRÜGELT. WA HA HA HA HA!
DIE MAGIE DER RINGE ABER BEFINDET SICH AUF EINEM GANZ ANDREN NIVEAU.
WENN DU SIE GESCHICKT EINSETZT, KANNST DU GEWINNEN. VIELLEICHT ...
HA HA
HEY, DAS KLINGT ABER NICHT BESONDERS ZUVERSICHTLICH.
JEDENFALLS KANN ES AUCH FÜR DIE ZUKUNFT NICHT SCHADEN, WENN DU WEITERTRAINIERST!
MAMPF MAMPF
HMM ...
HEY, DU MUSST MEHR ESSEN, MEISTER!
WENN DU NICHTS ISST, WIRST DU NICHT STARK!
O... OKAY!

SATO!
ICH ...
... MUSS STARK WERDEN ...
SATO!
!

ACH DU BIST'S, HIME.
DU MUSST ER-SCHÖPFT SEIN.
BIST DU FÜR HEUTE FERTIG?
NEIN, ICH MACH NUR EINE KURZE PAUSE.
GROSS-VATER WILL MICH AB HEUTE NACHMITTAG IN MAGIE UNTER-WEISEN.
DA FÄLLT MIR EIN, WAS MACHT EIGENTLICH NEPHRITIS?
ICH HAB SIE EINGELADEN, SICH DIE STADT MIT MIR ANZUSEHEN, ABER SIE MÖCHTE LIEBER EINE WEILE IN IHREM ZIMMER BLEIBEN.
HEUTE HATTE ICH GENUG GESELLIGKEIT FÜR DIE NÄCHSTEN 200 JAHRE.
ACH …
HEY, SATO, …
… LEG DICH MAL HIN.
HM?
ICH MÖCHTE DICH DAFÜR BELOHNEN, DASS DU DICH SO AN-STRENGST.
TOMP
!

WAS FÜR EIN UN-GLAUBLICH TOLLER ANBLICK!
FINDEST DU? MACHT DICH DAS MUNTER?
OB MICH DAS MUNTER MACHT? WENN DU MICH SO BELOHNST, HIME, KANN ICH ALLES SCHAFFEN!
DU BIST WIRKLICH EINFACH GESTRICKT, SATO.
HÖR MAL ...
HM?

MICH STÖRT ES NICHT, …
… DASS DU SCHWACH BIST, SATO.
NEIN, DAS IST NICHT GUT.
SO KANN ICH ALS RINGKÖNIG …
SATO, ES REICHT, …
… WENN DU DIE FÜNF PRINZESSINNEN HEIRATEST, IHRE RINGE BEKOMMST …
… UND IHRE KRAFT ENTSCHLOSSEN EINSETZT.
DIE KRAFT DER RINGE LIEGT IN DER STÄRKE UNSERER VERBIN-DUNG.
UND WEIL ICH IN DIESER HINSICHT MEIN BESTES GEBEN WERDE, …
… BRAUCHST DU NICHT AUF TEUFEL KOMM RAUS STARK ZU WERDEN, SATO.

ABER BIN ICH ...
... DANN NICHT UNGLAUBLICH UNCOOL?
MEINETWEGEN DARFST DU UNCOOL BLEIBEN, SATO.
MM ...
ES STÖRT MICH NICHT!
SATO!
LASS UNS LANGSAM ANFANGEN!
WAPP
GENERÖSE MAGIE-VORLESUNG DES WEISEN ALABASTERS!

GEDANKENSCHICHTEN?
DIE VIER MAGISCHEN ELEMENTE?
VERGEGENSTÄNDLICHUNG?
FANGEN WIR NOCH MAL MIT DEN GRUNDLAGEN DER MAGIE AN …
BISHER HAST DU INSTINKTIV GEHANDELT, GLAUBE ICH, DOCH GERADE DIE FÄHIGKEIT, DIE MAGISCHEN ELEMENTE, AUS DENEN ALLES IN DIESER WELT BESTEHT, KONTROLLIEREN ZU KÖNNEN, IST DAS FUNDAMENT DER MAGIE USW. USF.
ICH HABE KEINE AHNUNG, WOVON GROSSVATER GEREDET HAT …
AUCH HEUTE HAB ICH ALSO WIEDER RENDEZVOUS?
UAAAH!

GAANG
WA
PP
ZAKKK
SIE IST WIRKLICH STARK ...

DAMPF
AUA ... DAS IST WOHL 'NE PRELLUNG.
DU HAST DICH HEUTE GUT GESCHLAGEN.
FÜR JEMANDEN, DER GERADE ERST BEGONNEN HAT, DIE SCHWERTKUNST ZU ERLERNEN, WARST DU ECHT GUT.
IRGENDWIE BIN ICH ÜBERRASCHT, ...
... DASS DU IN SO WAS AUCH SO GUT BIST, MARS.
IN SO WAS?
KÄMPFEN MEINE ICH.
HA HA ...
BIN ICH DIR SO SCHWÄCHLICH VORGEKOMMEN?
NEIN ...

ICH DACHTE, WIR WÄREN ÄHNLICH GEBAUT, ...
ICH HATTE NUR ...
... DEN EINDRUCK, DU WÜRDEST NICHT GERNE KÄMPFEN.
DES-HALB ...
DIE MITGLIEDER DES KAISER-HAUSES MÜSSEN GELEHRT UND STARK SEIN.
SO IST DAS NUN MAL IN DEM REICH, AUS DEM ICH KOMME.
MEIN VATER UND MEIN ÄLTERER BRUDER SIND MIR SOGAR NOCH UM LÄNGEN VORAUS.
ICH WERDE WOHL NIE AN SIE HERAN-KOMMEN.
... ABER ER IST TAT-SÄCHLICH ZIEMLICH KRÄFTIG.
...
MAL ANGENOMMEN, DU WÄRST DER RING-KÖNIG, MARS.
GLAUBST DU, DU KÖNNTEST GRANAT, DIE PRINZESSIN DES LANDES DES FEUERS, BESIEGEN?
NUR MIT MEINER SCHWERT-KUNST KÖNNTE AUCH ICH ES WOHL NICHT MIT IHR AUFNEHMEN.
IST SIE SO STARK?!

DOPAAM
HEY, JUNGS, …
… SOLL ICH EUCH ABSCHRUBBEN?!
GLATTE HAUT IST DAS GEHEIMNIS, UM BEI DEN MÄDELS ANZUKOMMEN!
PA
AM
DANACH SEID IHR AUCH NICHT MEHR SO ERSCHÖPFT VOM TRAINING.
WIE WÄR'S?!
BLINK
GLOTZ
ICH VERZICHTE UND GEH SCHON MAL.
TAPP
TAPP
NEIN, MARS! LASS MICH NICHT ALLEINE!
UWAAAAH!

GLÄNZ
GLÄNZ
JETZT SIEHST DU AUS WIE EIN MANN!
GA HA HA HA HA!
PLITSCH
PRIN-
ZESSIN?!

RINGKÖNIG ... SATO, SO HEISST DU DOCH?
DU KANNST MICH GRANAT NENNEN.
DU SCHEINST DICH VON DEINER ERSCHÖPFUNG GUT ERHOLT ZU HABEN. DAS KÖNNEN DES ABSCHRUBBELMEISTERS IST EBEN EINSAME SPITZE.
MEISTER? DAS WAR EIN MEISTER?!
DAS ERKLÄRT EINIGES!
HM ...
DAS TRIFFT SICH GUT.
DA DU SCHON MAL HIER BIST, HAB ICH EINE BITTE.
UND ZWAR AN DICH!
?
IHR KÖNNT GEHEN.
HÄ?
NUN GEHT SCHON.
?
FLAPP

ÄH … WAS SOLL DAS WERDEN?
SCHRUBB MICH AB! SO WIE DU EBEN ABGESCHRUBBT WURDEST.
ABER ICH BIN EIN MANN UND EIN AMATEUR NOCH DAZU!
DAS MACHT NICHTS.
DU HAST BEIM RENDEZ-VOUS GEGEN MICH VER-LOREN.
ALSO KANNST DU MIR RUHIG EINEN WUNSCH ERFÜLLEN, ODER?
SIE ZWINGT MICH DAZU …
WENN DAS SO IST …

GNN
WAS SAGST DU ...
... ZU MEINEN MUSKELN?
WIE MUSKU-LÖS SIE IST ...
UNTER IHRER ZARTEN HAUT LIEGEN ...
... MASSIVE, GESCHMEI-DIGE MUSKELN.
KNET
NUR MIT MUSKELKRAFT KANN ICH ES NIEMALS MIT IHR AUFNEHMEN!

DIE RENDEZVOUS HEUTE HABEN MICH ERMÜDET.
ALLE MEINE HERAUSFORDERER SIND LANGWEILER, DIE NUR IHREN KRIEGERRUHM IM KOPF HABEN.
EHRLICH GESAGT, HABE ICH DAS GANZE SO WAS VON SATT.
ABER JETZT BIST DU HIER.
UND ALS RINGPRINZESSIN IST ES MEINE PFLICHT, DEM RINGKÖNIG ZU DIENEN.
ALSO WÄRE ICH NICHT ABGENEIGT, DIR ZU HELFEN.
?
DAMIT WILL ICH SAGEN, DASS ICH BEREIT BIN, BEI UNSEREM NÄCHSTEN RENDEZVOUS ZU VERLIEREN.
WAS?!
SCHLÄGST DU ETWA EINEN ABGEKARTETEN KAMPF VOR?!
PSST! NICHT SO LAUT.
NATÜRLICH MÜSSEN WIR FÜR DIE LEUTE ...
... DIE FORM WAHREN.

NIMM MICH, WIE DU ES MIT DEN ANDEREN PRINZESSINNEN AUCH GETAN HAST!
GLAUBST DU NICHT, DASS MEIN KÖRPER DIR VIEL FREUDE BEREITEN WIRD?

DIE RINGE AN DEINER HAND SIND KEIN SCHMUCK, DAS WEISS ICH.
ALSO MUSST DU ES WOHL AUCH WERT SEIN, SIE ZU TRAGEN.
ABER ALS SCHWERT-KÄMPFER BIST DU EIN LAIE.
DA HABE ICH KEINE HOHEN ERWARTUNGEN.
ICH WERDE MICH DIR ANPASSEN, DAMIT ES ECHT AUSSIEHT.
KNIRSCH
DU BRAUCHST DICH NICHT …
… ZURÜCKZUHALTEN!

DENN ICH ...
... WERDE ALLES GEBEN.
NA DANN ...
... STRENG DICH MAL ORDENTLICH AN.
HU
WUWU
WUWU
WUWU

WAS HEISST HIER, ...
... ICH MUSS STARK WERDEN?
G-NN
WIE JÄMMERLICH.

MAMPF
WENN MAN DAS ESSEN DER KATZENMENSCHEN JEDEN TAG ISST, HAT MAN ES SCHNELL ÜBER.
MAMPF

THE TALE OF THE WEDDING RINGS

GO GO GO GO
BLINK
HM?
HM?
GNN
ICH FÜHLE MICH BESSER ALS BEFÜRCHTET.
ICH HATTE GEDACHT, ICH WÜRDE MEHR MUSKELKATER HABEN.
WUPP
WUPP
RUCK
?

Kapitel 14

WAS MACHST DU DA? UND WIE LANGE BIST DU SCHON HIER?
WIE LANGE? ICH BIN DIE GANZE NACHT HIER GEWESEN.
DIE GANZE NACHT?!
UNTER DER DECKE IST ES SCHÖN. ES IST DUNKEL UND WARM.
WIE GEHT ES DEINEM KÖRPER, SATO?
DIE KRAFT DER RINGE KANN AUCH VERLETZTE KÖRPER HEILEN.
ABER DAZU IST ES NÖTIG, ...
SST
... DASS SICH UNSERE KÖRPER ANEINANDER-SCHMIEGEN WIE JETZT.
?!

...
DU STRENGST DICH SO SEHR AN, ...
... UM GRANAT ZU BESIEGEN.
NA JA, ICH VER-SUCH'S.
IN NUR EIN PAAR TAGEN KANN ICH MICH NICHT GRUND-LEGEND ÄNDERN, ...
... ABER ICH TUE, WAS ICH KANN.
ABER ...
... EHRLICH GESAGT, GLAUBE ICH NICHT, DASS ICH GE-WINNEN KANN.
WENN DU DIE KRAFT DER RINGE EINSETZT, KANNST DU SIE BESTIMMT BESIEGEN.
GLAUBST DU?
HAT ALABASTER DAS NICHT AUCH GESAGT?
ABER ...
... WIRD DIE PRIN-ZESSIN MICH DANN AUCH AN-ERKENNEN?

DIE KRAFT DER RINGE …
… BEZIEHE ICH DOCH VON DEN RINGPRINZES-SINNEN, DIE ICH GEHEIRATET HABE, ODER?
ES IST NICHT MEINE EIGENE KRAFT.
UND SELBST WENN ICH DAMIT GEWINNEN SOLLTE, …
… WIRD GRANAT MICH NIEMALS AKZEPTIEREN.
…
NATÜRLICH WÄRE ES AM BESTEN, WENN DIE PRINZESSIN DICH ANERKENNT, …
… DOCH IST ES DIE EINZIGE PFLICHT DES RINGKÖNIGS, IHREN RING IN DIE HÄNDE ZU BEKOMMEN.
KEINER FRAGT, WIE ER DAS TUT.
DAS MAG JA SO SEIN, ABER …
SST

DIE AUFGABE EINER RINGPRINZESSIN IST ES, DEM RINGKÖNIG BEIZUSTEHEN.
DESHALB DENKE ICH, DU KANNST TUN, WAS DU MÖCHTEST, SATO.
LÄCHEL
...
VERSTEHE.

KLACK
DANKE, NEPHRITIS.
ICH GEH DANN MAL.
GUT. MEIN KÖRPER IST WIEDER IN ORDNUNG!
DRÜCK
BATAMM
HAH ...
DABEI HABE ICH MIR ZUMINDEST AUCH ETWAS MÜHE GEGEBEN ...

KANK
KANK
KNIRSCH
KNIRSCH
GNN
WA
UPS ...

KANK
JA, DU BIST SEIT GESTERN VIEL BESSER GEWORDEN.
WIE KOMMT DAS?
KANN ICH SO GEWINNEN?! EINEN VON ZEHN KÄMPFEN ZUMINDEST?!
ABSOLUT UNMÖGLICH.
DU BEHERRSCHST GERADE MAL EIN BISSCHEN DIE FORM.
HAHAHA
HÄTTE ICH MIR DENKEN KÖNNEN ...
SST
DEINE GEGNERIN SCHLÄGT NICHT SO LASCH ZU WIE ICH GERADE.
SST
UND NATÜRLICH WIRD SIE DEINE BEWEGUNGEN BEOBACHTEN UND IHRE TECHNIK ENTSPRECHEND ÄNDERN.
ERST WENN DU DICH IHREN BEWEGUNGEN ANPASSEN UND ...
... DICH IMMER NOCH SO BEWEGEN KANNST WIE GERADE, ...
SST
... WIRST DU EINEN TREFFER LANDEN KÖNNEN.

ABER ES IST NICHT LÄNGER SO, DASS DU ÜBERHAUPT KEINE CHANCEN MEHR HÄTTEST.
UND DAS ALLEIN IST MEHR ALS GENUG.
WENN DU DAZU NOCH DIE MAGIE DER RINGE EINSETZT, KÖNNTE ES SCHON IRGENDWIE KLAPPEN.
MMM …
GUT, LASS UNS WEITER-MACHEN!
ER GIBT IMMER NOCH ALLES …

DAS DA IST ALSO DER RING-KÖNIG?
ER SIEHT AUS, ALS HÄTTE ER ABSOLUT KEINE CHANCE.
IST ER WIRKLICH STARK?
ER HAT DOCH SCHON EINMAL VERLOREN, ODER?
TROTZDEM HEISST ES, PRINZESSIN GRANAT SCHENKT IHM REICHLICH AUFMERKSAMKEIT.
SST...
SIE SOLL SICH IHM SOGAR SCHON EINMAL HINGEGEBEN HABEN ...
?!
WAS SOLL DAS DENN HEISSEN?!
GABAMM
BOMP

SIE HAT SICH IHM HINGE-GEBEN ...
... HEISST ALSO, SIE HAT SICH VON IHM AB-SCHRUBBEN LASSEN?
ABER WIESO HAT ER SIE ABGE-SCHRUBBT?
SO WAS TUN MÄNNER UND FRAUEN DOCH NICHT MITEINAN-DER!
DREH
PUH ...
SCHLUSSENDLICH HEISST DAS, DASS SATO ...
... DEN KÖRPER DER PRINZESSIN BERÜHRT HAT ...

NEIN, SATO ♥, DOCH NICHT DA ...
IHREN GANZEN ...
HAH! ♥
HAH! ♥
AH! ♥
KNET
KNET
FÜHLT SICH GUT AN, ODER? DAS NENNT MAN ABSCHRUBBEN ...
PLITSCH
... KÖRPER, ...
AH
WUPP
DAS IST UNMÖGLICH, UNMÖGLICH, UNMÖGLICH!
WUPP
ABER ...
... VIELLEICHT KANN ICH SO WAS ...
GNN
... NICHT LÄNGER SAGEN ...

GOGOGO
AM TAG DER REVANCHE.
BRABBEL
DER RINGKÖNIG SOLL SIE HEUTE ERNEUT HERAUSFORDERN, HABE ICH GEHÖRT.
BRABBEL
SO EIN SCHAUSPIEL HAT ES LANGE NICHT GEGEBEN …
GAKIKING
GUWAAH!
DOM
AUA …
TORKEL
WAS FÜR EINE KRAFT … WAS FÜR EINE KRAFT …
ZAMP ZAMP
ZAMP

DA BIST DU JA.
UOOH! RING-KÖNIG!
WAAH
WIR ZÄHLEN AUF DICH!
SATO!
GIB ALLES, WAS DU HAST!

...
WAS IST LOS, CRYSTAL?
WILLST DU IHN NICHT AN-FEUERN?
SATO HAT SICH DIE LETZTEN FÜNF TAGE ...
... SO ANGESTRENGT, DAMIT IHN DIE PRINZESSIN AKZEPTIERT.
JA ...
ICH WILL ABER GAR NICHT, ...
... DASS SIE IHN AKZEPTIERT!
DIE ANDEREN PRINZESSINNEN AUSSER MIR SOLL ER NUR DER FORM HALBER HEIRATEN, ...
... UM AN IHRE RINGE ZU KOMMEN.

HAH ...
MIT ETWAS GLÜCK WÄRE DAS MEINE CHANCE GEWESEN, KÖNIG ZU WERDEN.
ABER JETZT MUSS ICH WOHL IN MEIN DORF ZURÜCKKEHREN UND DIE FELDER BEBAUEN.
WANK
WANK
RING-KÖNIG!
LIEFER UNS EINE GUTE SHOW!
DER RING-KÖNIG?
STÄRKE GESCHENKT ZU BEKOMMEN, NUR WEIL MAN MAGISCHE RINGE TRÄGT, IST ECHT UNFAIR.
WENN ICH DOCH AUCH EINEN MAGISCHEN RING HÄTTE ...
HM?
WAS? DAS IST JA ...
... EIN RING!

KIIIIIN
WENN DU STÄRKE WILLST, ...
... NIMM MICH.
STÄRKE?
BIST DU ETWA EIN RING, DER KRAFT VERLEIHT?!
DABUMM
NIMM ...
... MICH.
GUOOOOH!
OOOOOOH!

HAST DU DICH ENT-SCHIEDEN?
ICH ... WERDE ALLES GEBEN.
GRANAT, ...
... ICH WERDE DAFÜR SORGEN, DASS DU MICH AK-ZEPTIERST!
ALSO GUT!
DANN WILL ICH ZUMINDEST DEINE ENTSCHLOS-SENHEIT ANERKENNEN!
HEY! WAS WILLST DU?!
DU HAST DOCH GERADE VERLOREN. FÜR EINEN RÜCK-KAMPF MUSST DU EIN PAAR TAGE WARTEN!
HM?!

DOMP
UWAAH?!
HERRIN DES RINGS DES FEUERS, ...
... RINGKÖNIG ...!
IN LOMKA HAST DU MICH GESCHLAGEN, ABER DIESMAL WIRD ES ANDERS LAUFEN.
?!

RING-
KÖNIG!
AUS
DEM WEG!
ZZING
!
DOMP

DAS IST JA ...
... DER RITTER DES KÖNIGS DES ABYSSUS!
WIESO IST DER DENN HIER?!
GOOOO
DEN HAB ICH DOCH IN LOMKA BESIEGT ...
WAPP

GO
GO
GO
GO
ZUUUUM

WAAHH
DAS SIND DÄMONEN AUS DEM ABYSSUS!
ER HAT DÄMONEN HERBEI-GERUFEN!
GROAAR
HMM!
DAS SIND FEUER-DÄMONEN!
GOOO

ZU BAAM
ZU ZUUMP
ZIEHT EUCH MIT EUREM GEFOLGE ZURÜCK, …
… PRINZESSINNEN!
STOMP
AUCH NACHDEM DIE BEDROHUNG DURCH DEN KÖNIG DES ABYSSUS GEBANNT WAR, …
… HABEN WIR KATZENMENSCHEN WEITER HART TRAINIERT, UM AUF SEINE WIEDERAUFERSTEHUNG VORBEREITET ZU SEIN!
BAAM
WIR BRAUCHEN SEINE STREITKRAFT NICHT ZU FÜRCHTEN!
GRRR
GOGOGOGO
MÄDCHEN, HINTER DIR!
MAUZ!?
NANU?! DAS VIEH LEBT NOCH?!

TRENNT DIESEN BEZIRK VON DEN ANDEREN AB!
UND LASST NICHT EINEN DÄMON VON HIER ENTKOMMEN!
JA-WOHL!
SST
DER RITTER DES KÖNIGS DES ABYSSUS? VON DEM HABE ICH SCHON GEHÖRT.
ER IST EIN PASSENDER GEGNER FÜR MICH.
DIE GANZEN SCHWÄCHLINGE FINGEN NÄMLICH AN, MICH ZU LANGWEILEN.
GRINS
RING-KÖNIG!
BLEIB, WO DU BIST, UND SIEH ZU!
ZA
GRANAT!

IM BETT GIBT ES SOGAR EIN BUCH UND KEKSE!
ABER KRÜMLE BITTE NICHT ZU SEHR ...

Das Anulus-Lexikon

NIEDAKITTA, DAS LAND DES FEUERS, IST EIN FAHRENDES RITTERREICH. HIER LEBEN DIE KATZENMENSCHEN, EIN RUHMREICHES VOLK, DAS STOLZ AUF SEINEN MUT IST. DAS GANZE LAND IST EIN EINZIGER RITTERORDEN, DESSEN KÖNIG EIN KRIEGER IST, DER SELBST NACH EINEM KÖNIG SUCHT, DER ES WERT IST, IHM ZU DIENEN. DER ÜBERLIEFERUNG ZUFOLGE DIENTE IN ALTEN, SAGENUMWOBENEN ZEITEN DAS GANZE VOLK DEM RINGKÖNIG UND KÄMPFTE TAPFER GEGEN DIE STREITMACHT DES KÖNIGS DES ABYSSUS. AUF DIESEN LEGENDEN BASIEREN AUCH DER STOLZ UND DIE WERTE DER LEUTE VON NIEDAKITTA. DAZU GEHÖRT AUCH DER BRAUCH, DASS IN JEDER GENERATION DER LANDESKÖNIG IM KAMPF MIT DER RINGPRINZESSIN BESTIMMT WIRD. WEITERHIN BESITZT NIEDAKITTA KEIN TERRITORIUM, SONDERN IST EIN MOBILER STAAT, DER AUF ZAHLREICHEN RIESIGEN, VON MAGIE ANGETRIEBENEN WAGEN EXISTIERT. EINST WAR DAS LAND DES FEUERS DEM REICH DES KÖNIGS DES ABYSSUS AM NÄCHSTEN UND IST IM LEGENDÄREN KAMPF VERLOREN GEGANGEN, HEISST ES. DORT SOLL SICH – GENAU WIE IN DEM BENACHBARTEN KÖNIGREICH DER ERDE – IMMER NOCH UNBEWOHNTES ÖDLAND ERSTRECKEN.

DIE SICH BEWEGENDE WAGENSTADT, DIE MIT MAGIE ERSCHAFFEN WURDE, IST HEUTE DAS GANZE TERRITORIUM, DAS NIEDAKITTA BESITZT, UND GLEICHZEITIG DIE BASIS, DIE EINE GEWALTIGE KARAWANE BEHEIMATET. DIESE WAGEN, DIE DER ÜBERLIEFERUNG NACH IM LEGENDÄREN KAMPF GEGEN DEN KÖNIG DES ABYSSUS ALS WAFFEN EINGESETZT WORDEN WAREN, HÖREN AUCH HEUTE, NACH SO LANGER ZEIT, NICHT AUF, SICH ZU BEWEGEN. MAN KANN IMMER NOCH, WENN MAN SICH DEN MAGISCHEN VORRICHTUNGEN IN IHREN UNTERSTEN EBENEN NÄHERT, EWIGE BANNSPRÜCHE WIE „YO IKO RYAH" ODER „DOKKO IKO RYAH" HÖREN. DIE MAGISCHEN ÖFEN ERZEUGEN HITZE, OHNE JE ZU VERLÖSCHEN. DIE DAMIT BETRIEBENEN HEIZUNGEN SORGEN FÜR EWIGEN SOMMER IN NIEDAKITTA UND WERDEN AUCH FÜR SAUNEN UND BÄDER GENUTZT. DIESE FANTASTISCHEN MAGISCHEN VORRICHTUNGEN SIND DIE TECHNOLOGIE EINES STAATES, DER SEIN LAND SCHON LANGE VERLOREN HAT.

Kapitel 15

SCHNELL!
GRRR
FLIEHT ALLE AUS DIESEM BEZIRK!
AB-KOP-PELN!
GOGOGOGO
JAWOHL!
GAKONG
GRRR
ZAMP
ES WIRD ZEIT, DASS WIR KATZEN-MENSCHEN ...
... ZEIGEN, WIE STARK WIR SIND!

HAAAA!
GOOOO
WHPP

ZU
AM
BA
?!
ICH SPÜRE KEINEN ...
... WIDER-STAND!
!

SEINE HITZE REICHT AUS, UM MEIN SCHWERT ZU SCHMELZEN ...
ICH MUSS IRGENDWAS GEGEN DAS FEUER UNTERNEHMEN, DAS IHN UMGIBT!
SST
AH ...

WENN DAS SO IST, ...
STRAHL
WWUOON
... WERDE ICH MIT WIND-MAGIE ...
GOOOOOOO
ABER KANN ICH IHN TREFFEN?!
ZSCH

GOOO
IST DAS ...
... HEISS!
BA-AM
DOSCH
AANG
ICH HATTE GEDACHT, ES KÖNNTE KLAPPEN, DIE FLAMME MIT WIND AUSZUBLASEN.
ABER MEINE KRAFT ...
... REICHT WOHL NICHT AUS!

ZAMP
ÜBERLASS DAS HIER LIEBER MIR, RINGKÖNIG.
MIT DEINEM KÖNNEN WIRST DU NICHTS AUS-RICHTEN.
WAS REDEST DU DENN?
DEIN SCHWERT ERREICHT IHN DOCH AUCH NICHT, GRANAT!
!
DAS STIMMT.
ABER ICH HABE TROTZDEM NICHT VOR, AUFZUGEBEN.
WIR SIND DIE NACHKOMMEN DER KRIEGER, DIE AN DER SEITE DES RINGKÖNIGS DES ALTERTUMS GEKÄMPFT HABEN.
UND DA DU NUN DER NEUE RINGKÖNIG BIST, ...
... IST ES UNSERE AUFGABE, ZUSAMMEN MIT DIR ZU KÄMPFEN UND DICH BIS ZUM SCHLUSS ZU BESCHÜTZEN.

DABEI SPIELT ES KEINE ROLLE, ...
... WIE UNFÄHIG DU SEIN MAGST.
GRANAT, ...

... ALABASTER ZUFOLGE ...
... KANN ICH DIE MAGIE DER RINGE NOCH NICHT RICHTIG EINSETZEN.
ES STIMMT, DASS MEINE KRAFT NICHT REICHT.
ABER ...
... WENN ICH MICH AUSSCHLIESSLICH AUF DAS LÖSCHEN DER FLAMME KONZENTRIERE ...
!
DAS IST VIEL ZU GEFÄHR-LICH!
SICHER, ...
SCHWANK
... ICH BIN VIEL SCHWÄCHER ALS DU, GRANAT.
ABER TROTZ-DEM ...
... GIBT ES ETWAS, ...
... DAS ICH TUN KANN.

HU
VERSTANDEN.
ALSO MEINETWEGEN!

DIE RINGE SIND HIER!
GREIF MICH AN!
RING-KÖNIG!
DAPP
GUOO OOO

NOCH NÄHER ...
ICH MUSS IHN NOCH NÄHER KOMMEN LASSEN!
ZSCH

BAOUM
OOOH!
GRANAT!

ZAMP
JA!
GUOOOOH
GA
ANK

TU'S, RING-KÖNIG!
GIB IHM DEN REST!
OKAY!
DA
AM
ZUB
A
A
M
KRICK

BATAMM
KULLER
PATAMM
IST ER ETWA AUCH VON EINEM SCHWARZEN RING BE-HERRSCHT WORDEN?
DA FÄLLT MIR EIN, WAS IST MIT DEN ANDEREN DÄMONEN?!
AH
PRINZESSIN GRANAT!
HÜPF
HM?!

DANKE. SIND ALLE UNVERLETZT?
JA!
OH NEIN, ES WIRD NOCH ALLES VERBRENNEN!
LÖSCHT DAS FEUER!
PLATSCH
WIR HABEN ALLE DÄMONEN, DIE AUFGETAUCHT SIND, ERLEDIGT!
RUCK
NANU?
WAS HABE ICH EIGENTLICH ...
HMPF! VOR SO WAS WIE DÄMONEN BRAUCHEN WIR UNS DOCH NICHT ZU FÜRCHTEN!
DIE KATZENMENSCHEN SIND WIRKLICH STARK.
UFF ...
GUCK
PUH ...

WENIGSTENS …
… IST DIESMAL NICHTS WIRKLICH SCHLIMMES PASSIERT.
RING-KÖNIG, …
… ICH HABE DICH WOHL ETWAS UNTERSCHÄTZT.
SELBST WENN DIR JETZT NOCH DIE KRAFT FEHLT, …
… BIST DU EIN WÜRDIGER RINGKÖNIG.
ICH HABE NICHTS DAGEGEN, DICH ALS MEINEN …
… EHEMANN ANZUERKENNEN.

ES IST EBEN NICHT ZU ÄNDERN.
DAFÜR HAT SĀTO SICH SO ANGESTRENGT.
NEIN. NOCH DARF ICH …
… DEN RING NICHT ANNEHMEN.

SST
ICH WILL NICHT, DASS DU MIR NUR EINEN GEFALLEN TUST, INDEM DU MICH ANERKENNST.
ICH WERDE DAFÜR SORGEN, DASS DU MICH ANERKENNEN **MUSST**!
AHH
?!
WIPP
GRANAT, ...
... ICH VERLANGE EIN NEUES RENDEZVOUS MIT DIR!
!

WAS?
WAS?
BRABBEL
BRABBEL
WAS IST DA LOS?
DER RINGKÖNIG SCHEINT EIN NEUES RENDEZVOUS ZU VERLANGEN!
OBWOHL DIE PRINZESSIN IHN SCHON AKZEPTIEREN WOLLTE, WEIL ER DEN DÄMON BESIEGT HAT, WIE MAN HÖRT.
ABER ER SCHEINT DARAUF ZU BESTEHEN, IHREN RING ERST DANN ANZUNEHMEN, WENN ER SIE BESIEGT HAT!
WER HÄTTE GEDACHT, DASS DER RINGKÖNIG EIN ECHTER MANN IST?! DABEI SIEHT ER NACH NICHTS AUS!
ICH HABE DIR GESAGT, ICH GEBE DIR DEN RING, …
… UND TROTZDEM BESTEHST DU AUF EINEN KAMPF?
DU BIST SELTSAM.
JA.
LASS DIR ERNEUT GESAGT SEIN, …
… DASS DER KAMPF DAUERT, BIS EINER VON UNS AUFGIBT ODER NICHT MEHR KÄMPFEN KANN.
LOS GEHT'S!
ZAMP

VON WO WIRD SIE AN-GREIFEN?!
SCHWENK
VON RECHTS!
WAMM

DOUM
DOMP
WAH
DAS WAR JA WOHL GAR NICHTS, RINGKÖNIG!
STRENG DICH MAL AN!
BERUHIG DICH UND BEOBACHTE DEINE GEGNERIN GENAU!
ERINNERE DICH AN UNSER TRAINING!
SO VIEL LEIDEN-SCHAFT ...
SCHWANK
WIR SIND NOCH NICHT FERTIG.
WIESO ...
... TUT ER DAS?

WILLST DU IHN NICHT ANFEUERN, ...
... CRYSTAL?
SIE HAT DOCH GESAGT, SIE GIBT IHM DEN RING.
DAS HIER IST SINNLOS.
GANG
LÄCHERLICH ...
DAS GLAUBE ...
... ICH NICHT.
HAH
HAH
BESTIMMT KÄMPFT SATO ...
... FÜR DICH, CRYSTAL.
FÜR ...
... MICH?

BENUTZ DIE MAGIE DER RINGE!
ODER UNTERSCHÄTZT DU MICH ETWA?
NEIN ...
DIE KRAFT DER RINGE ...
... LEIHE ICH MIR VON DEN PRINZESSINNEN.
SIE IST NICHT MEINE KRAFT.
SELBST WENN ICH DURCH SIE GEWINNEN WÜRDE, ...
... WÄRE ES SO, ...
... ALS HÄTTE ICH VOR DEM MÄDCHEN, DAS ICH LIEBE, ...
... VERLOREN WIE EIN PEINLICHER JAMMERLAPPEN.

ABER FÜR DIE FRAU, DIE ICH AM MEISTEN LIEBE, ...
... WILL ICH EIN COOLER TYP SEIN!

ER IST WIRKLICH ...
... EIN IDIOT ...
SATO!
... DU WÜR-DEST ES ...
... GERNE TUN, ODER?
DAS WÜRDE ICH ...
... NATÜR-LICH GER-NE.
VERSTEHE ... ICH DENK DRÜBER NACH.
WENN DU GEWINNST ...

WENN DU GRANAT BESIEGST, ...
AH ...
... WERDE ICH ZUR BELOHNUNG SEX MIT DIR HABEN!
?!

GUT!
AH ...
HA HA HA ...
DU BIST LUSTIG ...
DU BIST WIRKLICH EIN LUSTIGER KERL.
WAPP
?!
ICH WERDE DIR EIN WENIG HELFEN.
DIESE STIMME ...
... KOMMT AUS DEN RINGEN ...?!

Du bist noch nicht erfahren genug, um die Bewegungen deiner Gegnerin vorhersehen zu können.
Deshalb werde ich für dich ihren nächsten Zug voraussagen.
Konzentriere dich auf meine Stimme!
Dann kannst du dich für einen Moment schneller bewegen als sie.
Was du dann zu tun hast, weisst du.
...
Sei unbesorgt, das hier hat nichts mit der Kraft der Ring-Prinzessinnen zu tun.
Betrachte es als eine Chance, die du selbst herbeigeführt hast.
Ich kapier's zwar nicht ganz, ...
... aber gut!
Dann ist es ja gut.
Was ist los, Ring-König?!
Hat ihr Versprechen dir etwa die Sprache verschlagen?
Mach dich bereit!
ZAMP
Gut, sie greift an!

!
SIE IST VERSCHWUNDEN?!
SCHUNN
SIE KOMMT VON OBEN!
UAAAH!
WAS?!
GAKING

WWUNN
DOMP

WAAAAAAAH
SATO!
ZUCK
ER HAT GEWONNEN ...

WAS WAR DAS DENN ...
... GERADE?
TRÄUM

WENN ICH GEWINNE, KANN ICH MIT HIME ... WENN DAS NICHT GROSSARTIG UND ROMANTISCH IST!

Das Anulus-Lexikon

KATZENMENSCHEN SIND VON NATUR AUS MIT KÖRPERLICHEN FÄHIGKEITEN UND EIGENSCHAFTEN WILDER TIERE GESEGNET. DIE KÖRPERLICHEN BESONDERHEITEN DER KATZENMENSCHEN SIND DER GRUND DAFÜR, DASS IHRE GANZE RASSE AUS FÄHIGEN KRIEGERN BESTEHT. SIE KÖNNEN BEI DUNKELHEIT SEHEN, HÖREN EXTREM GUT UND SIND DANK IHRER GESCHMEIDIGEN MUSKELN IN DER LAGE, SICH MIT LEICHTIGKEIT ZU BEWEGEN. IN IHRER AUSDAUER SCHEINEN SIE MENSCHEN MANCHMAL UNTERLEGEN ZU SEIN, ABER IM ERKENNEN VON GEFAHR UND WENN ES DARUM GEHT, JEMANDEN ZU BESCHÜTZEN, SIND SIE IHNEN ÜBERLEGEN. WEGEN DIESER EIGENSCHAFTEN BRINGEN DIE KATZENMENSCHEN VIELE HERAUSRAGENDE KRIEGER HERVOR, DIE NICHT STERBEN, BEVOR SIE NEUN LEBEN VERBRAUCHT HABEN, WIE ES HEISST. BESONDERS HERAUSRAGENDE KATZENMENSCHEN ALS SÖLDNER ZU BESCHÄFTIGEN, VERLEIHT IHREN HERREN EXTREM GROSSES PRESTIGE. DESHALB GIBT ES VIELE KÖNIGE, FÜRSTEN UND ADLIGE, DIE SIE FÜR VIEL GELD ALS DEKORATIVE LEIBWÄCHTER BESCHÄFTIGEN WOLLEN.

IHRE TIERISCHEN MERKMALE MACHEN ES EINFACH, KATZENMENSCHEN VON ANDEREN RASSEN ZU UNTERSCHEIDEN. BESONDERS FALLEN DIE TIERISCHEN OHREN AUF IHREM KOPF AUF. DOCH UNTERSCHEIDET SICH IHRE SCHÄDELFORM NICHT ALLZU SEHR VON DER MENSCHLICHEN, WAS EIN INDIZ DAFÜR IST, DASS BEIDE RASSEN ENG MITEINANDER VERWANDT SIND. AM GESÄSS HABEN SIE EINEN EBENFALLS TIERISCHEN SCHWANZ, DEN SIE NACH BELIEBEN BEWEGEN KÖNNEN. HÄUFIG ALLERDINGS BEWEGT ER SICH UNBEWUSST IHRER STIMMUNG ENTSPRECHEND. SIE LIEBEN ES, AN DEN UNTERSCHIEDLICHSTEN SACHEN ZU RIECHEN, WOBEI SIE BESONDERS GERN AN STINKENDEN SACHEN WIE FUSSSOHLEN ODER SOCKEN SCHNUPPERN, MIT DEREN GERUCH MENSCHEN EIN PROBLEM HABEN. DIE MEISTEN KATZENMENSCHEN HABEN EIN HEITERES GEMÜT UND SIND EXTREM NEUGIERIG. ALLERDINGS VERLIEREN SIE AN DEN MEISTEN SACHEN AUCH SCHNELL WIEDER DAS INTERESSE. EINE ÜBERLIEFERUNG LEGT NAHE, DASS ES SICH DABEI UM EINEN SELBSTSCHUTZMECHANISMUS HANDELN KÖNNTE: DEMNACH SIND KATZENMENSCHEN, DIE ZU NEUGIERIG WAREN, SCHON OFT UMGEKOMMEN, WEIL SIE IHRE NASE ZU TIEF IN FREMDE ANGELEGENHEITEN GESTECKT HABEN. AUSSERDEM IST DIE KATZE EINE TIERGOTTHEIT, DIE ZU DEN ALTEN GÖTTERN ZÄHLT UND VON DER ES HEISST, SIE STEHE ÜBER ALLEN GÖTTERN BZW. SITZE AUF ALLEN SCHÖSSEN. IN DER ANDEREN WELT GIBT ES EBENFALLS EIN TIER NAMENS KATZE, DOCH IST UNKLAR, OB ES DA EINEN ZUSAMMENHANG GIBT.

DIESE ZEICHNUNG EINER KATZE IST IN NIEDAKITTA ÜBERLIEFERT WORDEN. MAN KANN DARAUF IHRE CHARAKTERISTISCHEN SCHNURRHAARE UND SCHARFEN ZÄHNE EBENSO ERKENNEN WIE IHRE OHREN UND IHREN SCHWANZ, VON DENEN ES HEISST, DIE KATZENMENSCHEN HÄTTEN SIE GEERBT. UNTER IHREN PFOTEN BEFINDEN SICH KUGELN AUS MAGISCHEN JUWELEN. DER ÜBERLIEFERUNG NACH ERLANGT DER, DER SIE BERÜHRT, UNVERGLEICHLICHES GLÜCK.

IST ALLES IN ORD-NUNG, ...
... GRANAT?
GNN
SCHWANK
NANU?
GABAMM
!

Kapitel 16

?!
ZUCK
NNGH...
GGNN
WA...
ZITTER
ZITTER
ZITTER
WA...
WAS?!
STRAHL

DAS WAR GROSSARTIG, RINGKÖNIG SATO.
DU BIST DER ERSTE, DER MICH BESIEGT HAT.
JETZT MUSS ICH DICH WAHRHAFTIG AKZEPTIEREN.

KOMM, LASS UNS SOFORT ...
... KINDER MACHEN! ♥
NIEMAND WIRD IN NIEDAKITTA HÖHER GESCHÄTZT ALS DER SIEGER.
DER VERLIERER MUSS SICH IHM MIT KÖRPER UND SEELE HINGEBEN.
DU BRAUCHST DICH NICHT ZURÜCKZU-HALTEN. ICH LASSE MEINE UNTERGEBENEN SOFORT ALLES VORBEREITEN.
MO-MENT MAL ...
DAS ...
BAMM
WARTE, GRANAT!

WORAUF MÜSSEN WIR WARTEN?
ICH BIN JETZT DEINE FRAU!
ODER ...
... FINDEST DU MICH ETWA NICHT ATTRAKTIV?!
DARUM GEHT ES NICHT.
ICH ...
... BIN SCHON VER-GEBEN!

ICH BIN SCHON ...
... AN HIME VERGEBEN!
POCH

KLACK
BATAM
JA!
DU HAST DICH UNGLAUBLICH GUT GESCHLAGEN, SATO.
BABUMM BABUMM BABUMM
DAS HIER …
… IST DEINE BELOHNUNG …
GNN

UND AUSSERDEM GEHÖRT DAS IN EINER EHE ...
... EINFACH DAZU ...
NICHT WAHR?
TOMP
SST
!!!
HÖR MAL, HIME ...
SATO!

LASS ES UNS ...
... GLEICH TUN.
BRAUCHT ER ES SO DRINGEND?!
WEIL ER SICH DIE GANZE ZEIT ZURÜCK-GEHALTEN HAT?!
FLAPP
KYAAH !!!
SATO ...?
...
?
GLEICH WIRD ER MICH ...
... HART RAN-NEHMEN ...
GNN
OKAY, SATO ...
ICH BIN ... BEREIT ...
WAS FÜR EINE STARKE BRUST ...
... ER HAT ...

HIME ...
HIME, DEIN BUSEN ...
SCHMATZ SCHMATZ
HUCH?
JETZT IST ER EINGE-SCHLAFEN ...
ABER KLAR.
ER HAT DIE KRAFT DER RINGE BENUTZT ...
... UND AUCH DANACH NOCH ALLES GEGEBEN.

DU WARST HEUTE RICHTIG COOL, ...
... SATO. ♥
GNN

TSCHIK
TSCHIK
ZIRP
ZIRP
RASCHEL
RASCHEL
DREH
HM?
?!!!
GUTEN MORGEN, SCHATZ. ♥

RUCK
BIN ICH GESTERN ETWA EINGE-SCHLAFEN, OHNE ES ZU MERKEN?!
SATO, ...
KYAH! ♥
... DU WARST LETZTE NACHT UN-GLAUBLICH. ♥
ICH KANN MICH AN NICHTS ERIN-NERN!
DABEI WAR DAS EIN MEILENSTEIN IN UNSERER BEZIEHUNG!
KICHER
IN WIRKLICHKEIT HABEN WIR JA AUCH GAR NICHTS GEMACHT.
RUCK
IHR HABT LETZTE NACHT DOCH GAR NICHTS GEMACHT ...

UH...
DU BIST SOFORT EINGESCHLAFEN, SATO.
NEPHRITIS ?!
DU HIER?!
JA, DIE GANZE ZEIT. ♥
ICH BIN DIE GANZE ZEIT LANG WACH GEBLIEBEN UND HABE EUCH VON HIER AUS BEOBACHTET.
GÄHN
SCHLIESSLICH BIN ICH ALS NÄCHSTE DRAN.
ALS NÄCHSTE?!
FLAPP
UND DANACH BIN ICH AN DER REIHE!
DU AUCH, GRANAT?!

KÖNNTEST DU DICH BITTE ETWAS BEEILEN, …
… PRINZESSIN CRYSTAL?
WIR WARTEN NÄMLICH AUCH.
ERRÖT
HIER SEID IHR ALSO, PRIN-ZESSIN GRANAT!
ES WIRD ZEIT!
KLACK
ZEIT?

JA.
KOMMT ALLE MIT.
JETZT FEIERN WIR UNSERE HOCHZEIT.

IM RENDEZVOUS GESTERN WAR ICH DIESEM MANN UNTERLEGEN ...
... UND BIN DAMIT NACH UNSEREN BRÄUCHEN ZU SEINER FRAU GEWORDEN.
BA
MM
ER IST DIE REINKARNATION DES RING-KÖNIGS.
DAMIT SIND WIR, DAS VOLK VON NIEDAKITTA, JETZT WIEDER KRIEGER, ...
... DIE DEM RING-KÖNIG DIENEN ...
... UND AN SEINER SEITE KÄMPFEN!
OOOH
AN SO WAS WERDE ICH MICH NIEMALS GEWÖHNEN ...

PRINZESSIN GRANAT HAT ALSO ENDLICH EINEN GUTEN PARTNER GEFUNDEN.
ICH HATTE SCHON ANGST, SIE WÜRDE ALS ALTE JUNGFER ENDEN.
NEPHRITIS FÜHLT SICH HIER GAR NICHT WOHL.
BEWUNDERNSWERT, DASS SIE ÜBERHAUPT MITGEKOMMEN IST!
WUPP
?

RINGKÖNIG SATO, ...
... DU HAST GESAGT, DU WÜRDEST MICH DAZU BRINGEN, DICH ANZUERKENNEN.
DIESE WORTE HABEN MICH SEHR ERFREUT.
DANKE, DASS DU MICH BESIEGT HAST.
UNSER KAMPF HAT MIR SPASS GEMACHT.
HÖR MAL, GRANAT, ...
... IN WIRKLICHKEIT ...
ICH WEISS.
DU HAST MEINE AKTION VOLLKOMMEN VORHERGESEHEN.
OB DAS NUN ZUFALL WAR ODER EINEN ANDEREN GRUND HATTE, IST BEDEUTUNGSLOS.
SCHLUSSENDLICH HAST DU GESIEGT, WEIL DU NICHT AUFGEGEBEN HAST.

DAS GENÜGT MIR.
!
HM?
PRINZESSIN GRANAT!
IHR HATTET LETZTE NACHT BESTIMMT SPASS. ♥
...
NEIN ... WIR HABEN DOCH NOCH GAR NICHTS GETAN ...
GULP
SCHWINDEL
!
HIME ...?!
GASCHANG

HAU RUCK!
IST ALLES IN ORDNUNG, HIME?
MM ...
WIESO HAST DU SO SCHNELL ...?
ICH WEISS NICHT ...
DU BIST DER KÖNIG, ...
... SATO.
HÄ?
DU WIRST IMMER STÄRKER ...
... UND IMMER BES-SER.
DASS DU DEINE AUFGABE FÜR MICH ERFÜLLEN WILLST, ...
... WEISS ICH JA, ABER ...

ANGEFANGEN HAT ALLES DAMIT, DASS ICH DICH MIT HINEIN-GEZOGEN HABE, SATO, ...
... ABER JETZT HABE ICH IRGENDWIE DAS GEFÜHL, ZURÜCK-GELASSEN ZU WERDEN.
DENN ANDERS ALS GRANAT UND NEPHRITIS BIN ICH SCHLUSS-ENDLICH NUR EIN GEWÖHNLICHES MÄDCHEN.
ICH KANN NICHTS TUN, AUSSER DIR BELOHNUNGEN ZU VERSPRECHEN.
DES-HALB, ...
GNN
... SATO, ...
... BEWEISE MIR BITTE SCHNELL, ...
... DASS ICH DEINE NUMMER EINS BIN, ...
... UND NIMM MIR MEINE SORGEN.

GRAB
HIME, ...
... ICH HABE MICH WIRKLICH DARÜBER GEFREUT, ...
... DASS DU MICH GESTERN ANGEFEUERT HAST.
ABER ...
... MIT DIR SCHLAFEN ...
... MÖCHTE ICH ERST, WENN WIR WIEDER IN UNSERER WELT SIND.
HÄ?

MEINE GEFÜHLE FÜR DICH ...
... SIND DORT ...
... IM ALLTAG, DEN ICH MIT DIR VERBRACHT HABE, GEWACHSEN.
DOMP
FÜR MICH BIST UND BLEIBST DU DIE HIME, DIE ICH VON KLEIN AUF KENNE.
DESHALB MÖCHTE ICH, WENN WIR UNSERE BEZIEHUNG VERTIEFEN, ...
... ES DORT ZUSAMMEN MIT DIR TUN UND ZWAR GANZ NORMAL.
DENN FÜR MICH IST ES HIER SCHLUSS-ENDLICH NICHT NORMAL.
HIME, FÜR MICH BRAUCHST DU KEINE PRINZESSIN ZU SEIN.
UND AUSSERDEM IST SEX NICHTS, ...
... WAS MAN FÜR ETWAS ANDERES EINTAUSCHT, FINDE ICH.
BOFF
DANKE, SATO, ...
... DAS BERUHIGT MICH.

ABER, SATO, ...
... DU HAST DICH SO FÜR MICH INS ZEUG GELEGT, ...
... DASS ICH DICH TROTZDEM IRGENDWIE BELOHNEN MÖCHTE.
ICH MÖCHTE ES TUN!
ALLES IST OKAY.
WAS IMMER DU MÖCHTEST, DAS ICH MIT DIR TUE, ODER WAS IMMER DU MIT MIR MACHEN WILLST, ...
... EINEN EINZIGEN WUNSCH WILL ICH DIR ERFÜLLEN.

VERSTANDEN!
DANN MÖCHTE ICH DEINE BRÜSTE MASSIEREN, HIME.
ICH MÖCHTE DEINE BRÜSTE MAS-SIEREN, HIME!
WIESO MUSST DU DAS WIEDER-HOLEN?!
!
ABER SAG MAL, ...
... IST DAS ALLES ...?
AH

WAS HAB ICH MIR DABEI NUR GEDACHT?!
„IST DAS ALLES?" KLINGT JA SO, ALS HÄTTE ICH MIR MEHR ERHOFFT!
W… WENN'S DENN SEIN MUSS …
ZITTER
ZITTER
DU BIST JA SO EIN LÜSTLING, SATO …
DARF ICH WIRKLICH?!
KLAR, WENN DAS ALLES IST.
AH, JETZT HAB ICH WIEDER „WENN DAS ALLES IST" GESAGT.
BITTE SCHÖN …
GENIER

SCHLUCK
ZITTER
ZITTER
MH ...♥
WOBBEL

DEINE BRÜSTE, HIME, ...
... DEINE BRÜSTE ...
KNET KNET
SATOS HÄNDE ...
... BE-RÜHREN MEINEN KÖRPER ...
DA FÄLLT MIR EIN, DASS GRANAT ...
... DABEI DIE GANZE ZEIT NACKT WAR.
MHH.
HAH.
-AH-...
ALSO SOLLTE ICH ...
STÖRT ES DICH NICHT, ...

... DASS ICH ANGEZOGEN BIN?
HÄ?
ICH WEISS AUCH NICHT ...
IRGEND-WIE FÜHLE ICH MICH ...
... GERADE ETWAS SELTSAM ...
SCHWURBEL

GLOTZ

KYAH!
H... HABT IHR UNS BEOBACHTET?!
IHR?!
ICH HALT'S NICHT MEHR AUS!
DAS DAUERT VIEL ZU LANGE!
ICH HABE ALLE VORKEHRUNGEN GETROFFEN. ICH HABE DER PRINZESSIN EIN APHRODISIAKUM IN DEN TRANK GETAN UND SOGAR STIMULIERENDES RÄUCHERWERK ENTZÜNDET. UND IHR KOMMT TROTZDEM NICHT ZUR SACHE!
DAMPF
DAMPF
RÄUCHERWERK?!
HEY! VERSPRECHEN UND REIHENFOLGE INTERESSIEREN MICH NICHT LÄNGER!
GA BAM
UWAAH?!
RINGKÖNIG SATO, ICH BIN SCHON 18 JAHRE ALT. UNTER DEN KATZENMENSCHEN GELTE ICH BEREITS ALS ALTE JUNGFER.
LÄNGER WERDE ICH NICHT WARTEN!
ABER!
FORMALITÄTEN INTERESSIEREN MICH NICHT.
DU KANNST MICH RUHIG ALS NEBENFRAU BEHANDELN. ABER LASS UNS ENDLICH UNSEREN SPASS HABEN!
WIRKT DAS RÄUCHERWERK VIELLEICHT NUR BEI GRANAT?

HIIIIH!
GRAPP
GUCK
GUCK
Hocker
GANG
SO WURDE DIE KEUSCHHEIT DES RING-KÖNIGS SATO WIEDER EINMAL BEWAHRT.
MAUZ
UFF ...

ICH BIN SCHON 18 JAHRE ALT. UNTER DEN KATZENMENSCHEN GELTE ICH BEREITS ALS ALTE JUNGFER.
18?!
54

Das Anulus-Lexikon

EIN LAND ERKENNT MAN AN SEINEM ESSEN. WIE BEIM LAND DES FEUERS, DAS DURCH ALLE GEGENDEN DER WELT ZIEHT, NICHT ANDERS ZU ERWARTEN, WERDEN DORT DIE KÜCHEN ZAHLREICHER LÄNDER GEPFLEGT UND MAN KANN DORT ÜPPIGE MAHLZEITEN GENIESSEN. GERICHTE AUS ALLEN LÄNDERN, Z.B. SPEISEN MIT REISNUDELN AUS DEM LAND DES WASSERS ODER FLEISCHEINTÖPFE AUS BESONDERS GELAGERTEN FROTTEEDECKEN, WERDEN MIT GEWÜRZEN AUS ALLER WELT ABGESCHMECKT UND SIND SO ZU NEUEN LOKALEN SPEZIALITÄTEN GEWORDEN. NUR DIE ELFENKÜCHE GILT ALS ZU GEFÄHRLICH UND IST STRENGSTENS VERBOTEN. AUCH WENN DAS LAND VERLOREN GEGANGEN IST, IST SEINE KULTUR LEBENDIG UND SO SIND AUCH TRADITIONELLE LEBENSMITTEL DES LANDES DES FEUERS ÜBERLIEFERT WORDEN. EINS DAVON IST IMAUNIYAI, DAS IM LAND DES FEUERS VIEL GEGESSEN WIRD, AUCH WENN ES EIN RÄTSEL BLEIBT, WORUM ES SICH DABEI EIGENTLICH HANDELT. ES HAT SO ETWAS WIE ARME UND BEINE, DIE ALLERDINGS SO DÜNN SIND, DASS DIE FRAGE OFFEN BLEIBT, OB SIE ÜBERHAUPT EINE BEDEUTUNG HABEN. AUCH SO ETWAS WIE EIN GESICHT IST VORHANDEN, DESSEN TATSÄCHLICHE FUNKTION ABER UNGEKLÄRT IST. OB ES SICH DABEI UM EIN TIER, EINE PFLANZE ODER EIN KÜNSTLICH HERGESTELLTES LEBENSMITTEL HANDELT, IST EBENFALLS UNBEKANNT. SICHER IST NUR, DASS ES UNGEHEUER GUT SCHMECKT. ALLE ANDEREN TATSACHEN BEHÄLT DIE KÜCHE DER KATZENMENSCHEN FÜR SICH.

WEIL NIEDAKITTA DURCH DIE WELT ZIEHT, BIETET ES BESONDERE UMWELTBEDINGUNGEN, DIE DURCH FORTWÄHRENDE BEWEGUNG UND ANDAUERNDE WÄRME GEKENNZEICHNET SIND UND ZAHLREICHEN EIGENTÜMLICHEN SPEZIES LEBENSRAUM BIETEN. SO WEISS MAN VON VÖGELN, DIE IN DEN OBEREN STOCKWERKEN DER MAGISCHEN WAGEN NISTEN, ODER HERDEN VON PFLANZENFRESSERN, DIE SICH IM ZENTRUM DER KARAWANE ZUSAMMEN MIT DIESER FORTBEWEGEN. BESONDERS BEKANNT SIND DIE „SPATZEN" GENANNTEN INSEKTEN, DIE MIT IHREM ENTZÜCKENDEN GEZWITSCHER DEN MORGEN VERKÜNDEN. DIESE KLEINEN INSEKTEN HABEN LANGE FÜHLER UND STARKE BEINE, MIT DENEN SIE UMHERHÜPFEN. SIE SIND SEHR AN MENSCHEN GEWÖHNT, WESHALB MAN SIE OFT IN HÄUSERN, SCHUPPEN ODER DER NÄHE VON LATRINEN SEHEN KANN. DAS GEDICHT „MORGENGEZWITSCHER", IN DEM ES UM IHREN FRÜHMORGENDLICHEN GESANG GEHT, IST ALS LEIDENSCHAFTLICHE DICHTUNG NIEDAKITTAS BEKANNT UND SEHR BELIEBT.

WENN MAN EIN IMAUNIYAI IN SCHEIBEN SCHNEIDET UND ES EINE WEILE LIEGEN LÄSST, BILDET SICH AUF IHM EIN NEUES GESICHT UND NEUE EXTREMITÄTEN. WAS EIN RÄTSEL BLEIBT, DA ES GAR NICHT LEBT.

GERÜCHTEN ZUFOLGE SOLL ES IN DEM MOMENT, IN DEM ES GEGESSEN WIRD, SCHREIEN ODER SICH BEWEGEN. DOCH DAS KANN GAR NICHT SEIN UND IST BESTIMMT NUR EINBILDUNG.

DIE SEITE MIT DEM NACHWORT

DAS HIER IST IMMERHIN SCHON DER DRITTE BAND.
WEIL WIR ES IN DER ERSTEN HÄLFTE ZU RUHIG HABEN ANGEHEN LASSEN, BESTAND DIE GEFAHR, DASS DIE EPISODE DES LANDES DES FEUERS NICHT IN DEN DRITTEN BAND PASST, ABER ZUM GLÜCK HABEN WIR DOCH ALLES UNTERBRINGEN KÖNNEN, INKLUSIVE BONUS-SZENEN SOGAR.
ALLERDINGS MUSSTEN WIR UNS DESWEGEN BEI DER FIGUR GRANAT KURZFASSEN, ABER DAS WOLLEN WIR AB DEM VIERTEN BAND NACH UND NACH NACHHOLEN.
IN JEDEM BAND DIE GESCHICHTE EINER PRINZESSIN ZU ERZÄHLEN, FÄNGT AN, SCHWIERIG ZU WERDEN! ABER BIS ZUM FÜNFTEN BAND WOLLEN WIR SO WEITERMACHEN, DASS JEWEILS EINE DER PRINZESSINNEN AUF DEM TITELBLATT ERSCHEINT.
BAND VIER SPIELT IM LAND DES WASSERS!
SORRY, DASS ES IN DER VORSCHAU KEIN BILD DER PRINZESSIN GIBT ...

MAYBE

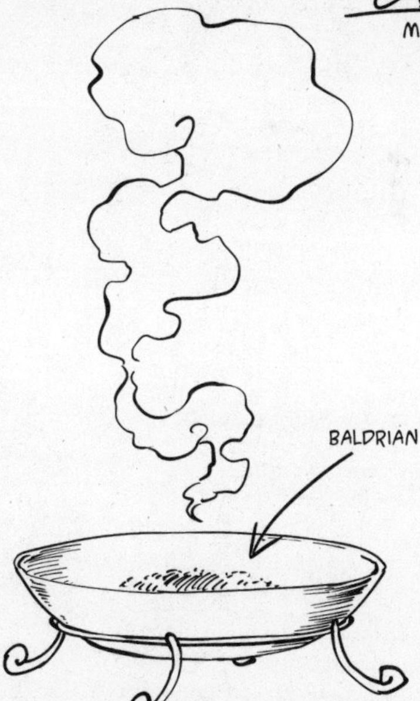

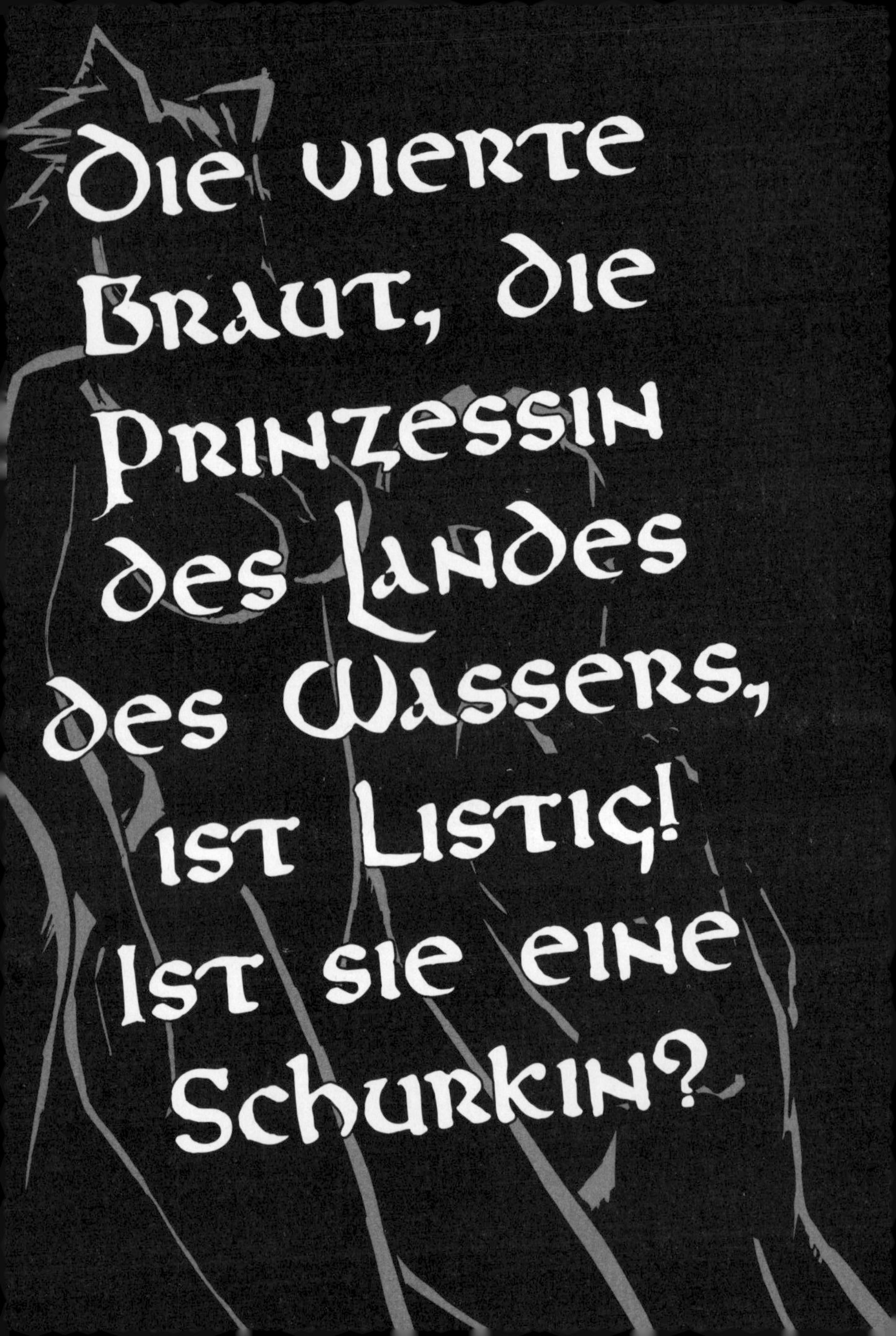
Die vierte Braut, die Prinzessin des Landes des Wassers, ist listig!
Ist sie eine Schurkin?

Die Prinzessin
hat eine
Zwillingsschwester,
die in irgendeiner
Beziehung zu Mars
steht ...
Im nächsten Band!
THE TALE OF THE WEDDING RINGS
von MAYBE
Freut euch auf Band 4!

THE TALE OF THE WEDDING RINGS

KEKKON YUBIWA MONOGATARI Vol. 3

First published in Japan in 2015 by SQUARE ENIX CO., LTD.
German translation rights arranged with SQUARE ENIX CO., LTD. and
VIZ MEDIA SWITZERLAND SA through Tuttle-Mori Agency, Inc.

Deutschsprachige Ausgabe / German Edition
2018 VIZ MEDIA SWITZERLAND SA
CH-1007 Lausanne

Aus dem Japanischen von Jürgen Seebeck

Redaktion: Christopher Micksch

Produktion: Dorothea Styra

Lettering: Paolo Gattone, Chiara Antonelli, Alessio Ravazzani

Druck und Bindung: GGP Media GmbH, Pößneck

ISBN 978-2-88951-053-5